Vizsla

Julie Murray

Abdo Kids Jumbo es una subdivisión de Abdo Kids
abdobooks.com

abdobooks.com

Published by Abdo Kids, a division of ABDO, P.O. Box 398166, Minneapolis, Minnesota 55439.

Abdo Kids Jumbo™ is a trademark and logo of Abdo Kids.

Printed in China

102024

012025

THIS BOOK CONTAINS RECYCLED MATERIALS

Spanish Translator: Maria Puchol

Photo Credits: Getty Images, Shutterstock, Thinkstock

Production Contributors: Teddy Borth, Jennie Forsberg, Grace Hansen
Design Contributors: Candice Keimig, Pakou Moua

Library of Congress Control Number: 2024939027

Publisher's Cataloging-in-Publication Data

Names: Murray, Julie, author.

Title: Vizsla/ by Julie Murray.

Other title: Vizslas. Spanish

Description: Minneapolis, Minnesota: Abdo Kids, 2025. | Series: Perros | Includes online resources and index

Identifiers: ISBN 9798384904359 (lib.bdg.) | ISBN 9798384904915 (ebook)

Subjects: LCSH: Vizsla--Juvenile literature. | Hungarian pointer--Juvenile literature. | Dogs--Juvenile literature. | Dogs--Behavior--Juvenile literature. | Animal behavior--Juvenile literature. | Spanish language materials--Juvenile literature.

Classification: DDC 599.772--dc23

Contenido

Los Vizsla

El origen de los Viszla, también llamados bracos húngaros, se remonta a hace más de 1000 años. **Se criaron** en Hungría para ser perros cazadores eficaces y veloces.

N
W
E
S
Europa
Hungría
África

Son perros medianos, delgados y musculosos. Llegan a medir 24 pulgadas de alto (61 cm) y pesar 65 libras (29.5 kg). ¡Sus cuerpos son perfectos para moverse!

El pelo de estos braco es corto, suave y de color amarillo dorado. Tiene el **hocico** largo y cuadrado y las orejas largas. La cola está a la altura del cuerpo.

A los Viszla les encanta estar al aire libre. Aunque se enfrían rápidamente al no tener la capa de **pelo profundo**. Cuando hace frío o llueve les ayuda estar abrigados.

Cuidados

Los Viszla requieren de pocos cuidados. Peinarlos una vez a la semana con un cepillo suave y de goma mantiene su pelo brillante. Hay que cortarles las uñas constantemente.

Ejercicio

Son perros incansables.

Necesitan correr y jugar a diario

en una zona abierta y grande.

Les gusta correr con sus dueños.

A los Viszla les gusta estar entretenidos. Disfrutan entrenando ejercicios. ¡Son muy buenos con los **entrenamientos de agilidad**!

Personalidad

Los braco húngaros son buenos perros familiares, pero necesitan un buen entrenamiento y ejercicio. Son excelentes para dueños activos.

Es un perro inteligente, **leal** y cariñoso. Estar solo durante mucho tiempo los entristece, prefieren estar junto a sus dueños. Necesitan mucha atención y cariño.

Más datos

- Los Viszla son rápidos, pueden correr hasta a 40 millas por hora (64.4 km/h).

- Son excelentes nadadores y les encanta el agua, aunque no duran mucho tiempo porque se enfrían rápido.

- La *American Kennel Club* reconoció la raza en 1960 y pertenecen al grupo deportivo.

Glosario

criar – originado con un fin determinado.

entrenamiento de agilidad – ejercicios que incorporan series cortas de movimientos que implican cambios de dirección.

hocico – parte de la cabeza de algunos animales donde se encuentran la nariz, la mandíbula y la boca.

leal – mostrar devoción y fidelidad a alguien.

pelo profundo – pelo corto que crece cerca de la piel de un animal, cubierto por pelo más largo.

Índice